NULLA È SICURO, MA SCRIVI

NICHTS IST SICHER, ABER SCHREIBE

edition pen Band 225
Die edition pen wird im Auftrag des
Österreichischen P.E.N. herausgegeben.
Redaktion: Helmuth A. Niederle

FRANCO FORTINI

NULLA È SICURO, MA SCRIVI

NICHTS IST SICHER, ABER SCHREIBE

Versi Scelti
ausgewählte Gedichte

übersetzt aus dem Italienischen
und mit einem Nachwort von
HANS RAIMUND

Löcker

Mit freundlicher Genehmigung der Erbin der Rechte an den Werken von Franco Fortini, Hanna Gentili.

Texte aus:
FRANCO FORTINI: VERSI SCELTI 1939–1989. Einaudi 1990

Cover: ALEXEJ JAWLENSKY, AUFSTEIGENDER PFAD IN DEN ABEND, um 1910

Erhard Löcker GesmbH, Wien 2023

Herstellung: bookpress.eu, Olsztyn
ISBN 978-3-99098-163-4

Aus:

POESIA E ERRORE
(1946–1957)

QUEL GIOVANE TEDESCO

Quel giovane tedesco
ferito sul Lungosenna
ai piedi di una casa
durante l'insurrezione
che moriva solo
mentre Parigi era urla
intorno all' Hôtel de Ville
e moriva senza lamenti
la fronte sul marciapede.

Quel fascista a Torino
che sparò per due ore
e poi scese per strada
con la camicia candida
con i modi distinti
e disse andiamo pure
asciugando il sudore
con un foulard di seta.

La poesia non vale
l'incanto non ha forza
quando tornerà il tempo
uccidetemi allora.

Ho letto Lenin e Marx
non temo la revoluzione
ma è troppo tardi per me;
almeno queste parole
servissero dopo di me
alla gioia di chi viva
senza più il nostro orgoglio. 1947

JENER JUNGE DEUTSCHE

Jener junge Deutsche
der am Kai der Seine verwundet wurde
unten vor einem Haus
während der Befreiung
der alleine starb
während ganz Paris johlte
rund um das Hôtel de Ville
der ohne Klagen starb
mit der Stirn auf dem Gehsteig.

Jener Faschist in Turin
der zwei Stunden lang schoss
und dann auf die Strasse hinunter kam
im blütenweißen Hemd
mit tadellosen Manieren
der sagte: Gut, gehen wir,
und sich den Schweiß abwischte
mit einem seidenen Halstuch.

Die Poesie vermag nichts
der Zauber ist machtlos
wenn die Zeit wiederkommt
dann bringt mich um.

Ich las Lenin und Marx
die Revolution fürchte ich nicht
doch es ist zu spät für mich;
wenn wenigstens diese Worte
nach mir zur Freude denen
gereichten die leben werden
frei von unserem Dünkel.

IL POETA SERVO

Ho preso
la mia fatica
come un peso
e la porto.

Voi che da mille anni
portate il male del mondo
e ne ridete
e ne morite

perdonate se vado cosí solo,
se vado lento
se non ho canto:
sono un servo
di molti padroni.

Lontani pensano a me.
Non sanno
che li tradisco.

Non sanno
che moriranno
prima di me.

E se sparisco
l'odio il riso l'inganno
il loro il mio errore.

DER DICHTER ALS DIENER

Ich schulterte
meine Mühe
wie eine Last
und trage sie.

Ihr die ihr seit tausend Jahren
das Übel der Welt ertragt
und darüber lacht
und daran sterbt

vergebt wenn ich so alleine gehe
wenn ich langsam gehe
wenn ich nicht singe:
ich bin ein Diener
vieler Herren.

Die weit entfernt nicht an mich denken.
nicht wissen
dass ich sie verrate.

Nicht wissen
dass sie sterben werden
noch vor mir.

Wenn ich verschwinde
der Hass der Hohn der Trug
ihr Irrtum meiner

saranno queste parole d'amore
verità senza dolore
aria libertà.

1953

werden diese Liebesworte sein
Wahrheit ohne Leid
Luft Freiheit.

UNA SERA DI SETTEMBRE

Una sera di settembre
quando le dure donne rauche di capelli strinati
si addolcivano pronte nei borghi calcinati
e ai fonti la sabbia lavava le gavette tintinnanti
ho visto sotto la luna di rame
sulla strada viola di Lodi due operai, tre ragazze ballare
tra le bave d'inchiostro dei fosfori sull' asfalto
una sera di settembre
quando fu un urlo unico la paura et la gioia
quando ogni donna parló ai militari
dispersi tra i filari delle vigne
e sulle città non c'era che il vino agro
dei canti e tutto era possibile
intorno al fuoco della radio pallido
e chi domani sarebbe morto sugli stradali
beveva alle ghise magre delle stazioni
o nella paglia abbracciato al fucile dormiva
quando l'estate inceneriva
da Ventimiglia a Salerno
e non c'era più nulla
ed eravamo liberi
di fuggire, di non sapere piangere,
una sera di settembre.

1955

EINES ABENDS IM SEPTEMBER

Eines Abends im September
als die harten heiseren Frauen mit versengten Haaren
jäh sanfter wurden in den eingeäscherten Dörfern
und an den Brunnen der Sand die scheppernden Näpfe
scheuerte
sah ich unterm Kupfermond
auf der violetten Strasse nach Lodi zwei Arbeiter, drei
Mädchen tanzen
zwischen den tintigen Klecksen der Phosphorgranaten auf
dem Asphalt
eines Abends im September
als Angst und Jubel zu einem einzigen Schrei wurden
als alle Frauen mit den Soldaten sprachen
verstreut zwischen den Spalieren der Weingärten
und über den Städten es nur den sauren Wein
der Lieder gab und alles möglich war
rund um den matten Lichtschein des Radios
und wenn der der morgen tot sein würde auf den Strassen
von den kärglich rinnenden Hydranten der Bahnhöfe trank
oder das Gewehr umklammernd im Stroh schlief
als der Sommer zu Asche verbrannte
von Ventimiglia bis Salerno
und nichts mehr übrig war
und wir frei waren
zu fliehen, uns unwissend zu stellen oder zu weinen,
eines Abends im September.

FOGLIO VOLANTE

„Bisogna dedicare
una particolare
attenzione
all'estensione
della coltivazione
della barbabietola da zucchero"
dice il compagno Nicolài Bulgànin.
E dice bene.

Dov' era gloria era anche viltà?
E dove tradimento, fedeltà?
Quelli del Diciassette
ci hanno spiegato il mondo
e tocca ora a noi spiegarlo a loro?
Ritornavano: „Come li hai vissuti
questi anni, Fadéev?"

Forse per non rispondere
hanno mandato i soldati
i giovani rosati siberiani
a difendere il nulla.

E noi, questi anni,
sillabando la nostra verità
che non bastava mai.

FLUGBLATT

„Man muss
der Verbreitung
des Anbaus
der Zuckerrübe
eine besondere
Aufmerksamkeit schenken“,
sagt der Genosse Nikolaj Bulganin.
Und er sagt es mit Recht.

Wo Ruhm war, war auch Feigheit?
Und wo Verrat, Treue?
Die von Neunzehnhundertsiebzehn
haben uns die Welt erklärt.
Und ist es jetzt an uns, sie ihnen zu erklären?
Sie kehrten wieder: „Wie hast du sie verlebt
diese Jahre, Fadejew?“

Vielleicht, um nicht zu antworten,
schickten sie die Soldaten
die jungen rosigen Sibirier,
zur Verteidigung des Nichts.

Während wir in diesen Jahren
unsere Wahrheit buchstabierten,
die nie genügte.

E intanto all' unanimità
impiccavano Rajk,
tra acclamazioni scroscianti
straziavano il seno a sua moglie,
per una vita migliore
mutavano nome a suo figlio.
Si smentivano in cuore
si mentivano in coro
a chi chiedeva verità mostravano
statue di bronzo, a chi
voleva parlare spiegavano
la virtù del silenzio.
E i loro complici sono fra noi:
col dito levato a se stessi
dettano Marx e Lenin
indicano la via .
La via che senza di loro faremo.

Dunque un po' più d'attenzione,
dice bene il compagno Bulgànin,
badate dove passate
stare attenti a chi calpestate:

cremati nei carri stellati di rosso
sepolti nei parchi sfogliati di rosso
non i vostri ma i nostri compagni.

1956

Und inzwischen hängten sie
einmütig Rajk auf,
unter brausendem Beifall
zerrissen sie seiner Frau die Brust,
für ein besseres Leben
änderten sie den Namen seines Sohns.
Sie straften einander Lügen,
sie belogen einander im Chor,
dem, der Wahrheit verlangte, zeigten sie
Bronzestatuen, dem,
der reden wollte, erklärten sie
die Tugend des Schweigens.
Und ihre Komplizen sind unter uns:
Mit dem Finger, zu sich selbst erhoben,
diktieren sie Marx und Lenin,
weisen sie den Weg.
Den Weg, den wir ohne sie gehen werden.

Also ein wenig mehr Aufmerksamkeit,
sagt mit Recht der Genosse Bulganin,
passt auf, wohin ihr geht,
gebt acht, wen ihr niedertrampelt:

eingeäschert in den Panzern mit dem roten Stern,
begraben in den Parks mit dem roten Laub,
nicht eure, sondern unsere Genossen.

ALTRA ARTE POETICA

Esiste, nella poesia, una possibilità
che, se una volta ha ferito
chi la scrive o la legge, non darà
più requie, come un motivo
semi modulato semi tradito
può tormentare una memoria. E io che scrivo
so ch`è un senso diverso
che può darsi all' identico
so che qui ferma dentro il verso resta
la parola che senti o leggi
e insieme vola via
dove tu non sei più, dove neppure
pensi di poter giungere, e cominciano
altre montagne, invece, pianure ansiose, fiumi
come hai visti viaggiando dagli aerei tremanti.
Città impetuose qui, sotto le immobili
parole scritte tue.

1957

ANDERE ARS POETICA

Es gibt in der Poesie eine Macht,
die, hat sie einmal den verletzt,
der sie schreibt oder liest, keine Ruhe
mehr lässt, so wie ein Motiv,
etwas verändert, etwas entstellt,
einem Gedächtnis zur Qual werden kann. Und ich, der ich schreibe,
weiß, dass es noch einen anderen Sinn gibt,
der sich vielleicht als der gleiche herausstellt,
weiß, dass hier drinnen im Vers fest bleibt
das Wort, das du hörst oder liest
und gleichzeitig fortfliegt, dorthin
wo du nicht mehr bist, wo hingelangen zu können,
du dir nicht zutraust, und wo ganz und gar andere Berge
anfangen, sehnsüchtige Ebenen, Flüsse,
wie du sie auf Reisen von bebenden Flugzeugen aus sahst.
Ungestüme Städte hier unter den reglosen
von dir geschriebenen Wörtern.

WELTGESCHICHTLICH

Come la lanterna del Duomo
era grande la bocca della giovinetta
che due cattivi legavano a un palo
sullo schermo del drive-in. Gesú
parlava con l'accento del pontefice
– high fidelity – nel microsolco.
Tre scrittori francesi domandavano
la via di Auschwitz
a un communista ucraino morto a colpi
di leninismo nelle costole. Era
dificilissimo, vivere. Noi,
per fortuna, avevamo una villetta
a Cavi di Lavagna; ed i decenni
passano in fretta.

1957

WELTGESCHICHTLICH

Groß wie die Laterne des Doms
war der Mund des jungen Mädchens
das zwei Bösewichte an einen Pfahl banden
auf der Leinwand eines Drive-in-Kinos. Jesus
redete im Tonfall des Papstes
– high fidelity – auf der Langspielplatte.
Drei französische Schriftsteller erfragten
den Weg nach Auschwitz
von einem ukrainischen Kommunisten, der an einer Salve
Leninismus in die Rippen starb. Es war
äußerst schwierig, das Leben. Glücklicherweise
hatten wir eine kleine Villa
in Cavi di Lavagna; und die Jahrzehnte
vergehen wie im Flug.

Aus:

UNA VOLTA PER SEMPRE

L’ORA DELLE BASSE OPERE

È tutto chiaro ormai,
le parole dei libri diventate
tutte vere. Tutti gli altri lo sanno.
T’hanno detto di fare due passi avanti
in mezzo al cortile d’acqua e vento,
di lumi gialli prima dell’alba.
Vedi cani maestri con grembiali di cuoio
scaricare quarti umani per le celle
refrigerate e crusca
sotto i ganci cromati. Gli scontrini
lì timbrano alla porta
dove a battenti aperti aspetta un camion.
Era giorno, i postini
sgrondavano gli incerati nelle guardiole.

DIE STUNDE ÜBLER TATEN

Es ist jetzt alles klar,
die Wörter in den Büchern bewahrheiten sich
alle. Alle anderen wissen es.
Dir sagten sie, du solltest ein paar Schritte vorwärts tun
mitten in dem Hof aus Wasser und Wind,
mit den gelben Lichtern vor dem Morgengrauen.
Du siehst Bullenbeißer mit Lederschürzen
Stücke von Menschen für die Kühlzellen
ausladen und Sägespäne
unter den verchromten Haken. Die Lieferscheine
stempeln sie am Tor,
wo mit offenen Türen ein Lastwagen wartet.
Dann war Tag, die Postboten
ließen die Regenhäute in der Portierloge abtropfen.

TRADUCENDO BRECHT

Un grande temporale
per tutto il pomeriggio si è attorcigliato
sui tetti prima di rompere in lampi, acqua.
Fissavo versi di cemento e di vetro
dov' erano grida e piaghe murate e membra
anche di me, cui sopravvivo. Con cautela, guardando
ora i tegoli battagliati ora la pagina secca,
ascoltavo morire
la parola d'un poeta o mutarsi
in altra, non per noi piú, voce. Gli oppressi
sono oppressi et tranquilli, gli oppressori tranquilli
parlano nei telefoni, l'odio è cortese, io stesso
credo di non sapere più di chi è la colpa.

Scrivi mi dico, odia
chi con dolcezza guida al niente
gli uomini e le donne che con te si accompagnano
e credono di non sapere. Fra quelli dei nemici
scrivi anche il tuo nome. Il temporale
è sparito con enfasi. La natura
per imitare le battaglie è troppo debole. La poesia
non muta nulla. Nulla è sicuro, ma scrivi.

BEIM ÜBERSETZEN VON BRECHT

Ein starkes Gewitter
braute sich den ganzen Nachmittag
über den Dächern zusammen, bevor es sich in Blitzen, Güssen
entlud.
Ich fixierte Verse aus Zement und Glas,
in denen Schreie und Wunden eingemauert waren und Teile
auch von mir, die ich überlebe. Behutsam, den Blick
einmal auf das Niederprasseln des Regens auf die Dachziegeln,
einmal auf der trockenen Buchseite,
hörte ich zu, wie
das Wort eines Dichters starb oder sich wandelte
zu einer anderen, für uns nicht mehr hörbaren Stimme.
Die Unterdrückten
sind unterdrückt und ruhig, die Unterdrücker
reden ruhig am Telefon, der Hass ist höflich, ich selbst
glaube nicht mehr zu wissen, wer schuldig ist.

Schreibe, sage ich mir, hasse den,
der sanft ins Nichts führt
die Männer und Frauen, die sich dir anschließen
und nicht zu wissen glauben. Schreibe auch deinen Namen
zu jenen der Feinde. Das Gewitter
hat sich mit Getöse verzogen. Die Natur
ist zu schwach, um Kämpfe nachzuahmen. Die Poesie
verändert nichts. Nichts ist sicher, aber schreibe.

LA GRONDA

Scopro dalla finestra lo spigolo d'una gronda,
in una casa invecchiata, ch' è di legno corroso
e piegato da strati di tegoli. Rondini vi sostano
qualche volta. Qua e là, sul tetto, sui giunti
e lungo i tubi, gore di catrame, calcine
di misere riparazioni. Ma vento e neve,
se stancano il piombo delle docce, la trava marcita
non la spezzano ancora.

Penso con qualche gioia
che un giorno, e non importa
se non ci sarò io, basterà che una rondine
si posi un attimo lì perché tutto nel vuoto precipiti
irreparabilmente, quella volando via.

DIE DACHTRAUFE

Ich erblicke vom Fenster aus den Rand einer Traufe
an einem alten Haus, die aus zerfressenem Holz ist
und sich unter den Lagen der Dachziegel durchbiegt.
Schwalben rasten hier
manchmal. Da und dort, auf dem Dach, auf den
Verbindungsstücken
und längs der Rohre: Patzen von Teer, Mörtel
von gepfuschten Reparaturen. Aber Wind und Schnee,
auch wenn sie das Blei der Rinne zersetzen, haben
den morschen Stützbalken noch nicht zerbrochen.

Ich stelle mir mit einiger Freude vor,
dass eines Tages, egal,
ob ich noch da bin oder nicht, eine Schwalbe genügt,
die sich für einen Moment dort niederlässt, dass alles einstürzt,
irreparabel, während sie fortfliegt.

1944–1947

I.
Era la guerra, la notte tremavano
nelle credenze i cristalli al ronzio
dei *Liberators* da ovest ad oriente
o a sud, verso l'Italia. Chi ero io
e tu chi eri? Cominciò cosí.

Lungo e grigio era il lago di Zurigo
e i tram celesti nell' aria di neve.

1944–1947

I.

Es war Krieg, des Nachts erbebten
in den Kredenzen die Scheiben beim Dröhnen
der *Liberators* von Westen nach Osten
oder nach Süden, Richtung Italien. Wer war ich
und du, wer warst du? So begann es.

Lang und grau war der Zürcher See,
und himmelblau in der Schneeluft die Tramways.

Aus:
QUESTO MURO

IN MEMORIA I

Una volta mi chiedevi che cosa avevo
e non ti rispondevo.
Ma è divenuto molto difficile
parlare delle ultime cose, madre mia.

Nelle ultime ore
eri con gli occhi sbarrati.
Eri atterrita di non potere
parlare più
nemmeno dentro di te
della sola cosa.
Ora il rumore è cosí violento
cosí furioso lo scotimento di tutta la realtà
che perfino laggiú
deve venirne il tremito
come nelle cantine della guerra.
Non farò a tempo a fare i conti, non c'è
piú il tempo ormai.

Questo dunque è
quello che ancora non sapevo.
Ora lo sai anche tu
lo sappiamo
mentre stiamo per rinascere.

IN MEMORIAM I

Einmal, da hast du mich gefragt, was ich habe,
und ich habe dir nicht geantwortet.
Aber es ist sehr schwer geworden, Mutter,
über die letzten Dinge zu sprechen.

In den letzten Stunden,
da lagst du mit aufgerissenen Augen da.
Hattest große Angst, nicht mehr
sprechen zu können,
nicht einmal drinnen in dir,
von dem EINEN.
Jetzt ist der Lärm so heftig,
so wütend die Erschütterung der ganzen Wirklichkeit,
dass sogar bis dort hinunter
das Beben gelangen muss
wie in die Luftschutzkeller im Krieg.
Ich werde es nicht mehr schaffen abzurechnen, es ist keine
Zeit mehr dazu.

Das also ist es,
was ich noch nicht wusste.
Nun weißt auch du es,
wir wissen es
während wir jetzt wiedergeboren werden.

IN MEMORIAM II

Non capisco
che cosa debba volere
fra queste lapidi di ebrei
il nome di mio padre
che è il nome mio
il nome dei padri
il grido della tribú
che volgeva le spalle
alla fossa perché
scarmigliato spirito
l'Iddio Cane
l'Iddio di Abramo
e di Giobbe agguantasse
il pacco d'intestini
nei lini bianchi

e ci lasciasse in pace.

IN MEMORIAM II

Ich verstehe nicht
was das hier soll
unter diesen jüdischen Grabsteinen
der Name meines Vaters
der mein Name ist
der Name der Väter
der Aufschrei des Stammes,
der dem Grab den Rücken
zuwendet, damit
ein zerzauster Geist
ein Hundegott
der Gott Abrahams
und Hiobs das Bündel
Eingeweide in weißem
Linnen ergreife

und uns in Frieden lasse.

Anmerkung:
Im Jüdischen Begräbnisritus sammeln sich die Männer betend mit dem Rücken zum Grab, um nicht auf den Ort zu schauen, wo der HERR erscheint.
Das „weiße Linnen" ist das Tuch, das den nackten Körper des Toten einhüllt.

IN MEMORIA III

La bambina schiacciò con il sasso la mantide.
A scatti moveva la testa.
Dal ventre una frittata di seme
una chiazza di pasti consumati.

Le mandibole mordevano.
I coltelli delle zampe recidevano
aria. Una metà
d'insetto s'adempíva.

IN MEMORIAM III

Das kleine Mädchen zermalmte mit dem Stein die Heuschrecke.
Ruckweise bewegte das Insekt den Kopf.
Aus dem Bauch quoll ein Matsch aus Samen
ein Fleck verzehrter Mahlzeiten.

Die Unterkiefer bissen.
Die Messer der Beinchen zerschnitten
die Luft. Für eine Hälfte
Insekt war es vollbracht.

DEDUCANT TE ANGELI

1.

Non questi abeti non
il ribrezzo della cascata ma
questa la sequenza.

Prima vengono le pietre dei greti
poi gli alberghi sbarrati.
Secondo: la nebbia e i compianti.
Erosioni, mostri.

Tutto chiuso anche la casa cantoniera
e gli isolatori tintinnano.
Terzo: l'ostinazione del torrente
e la condotta forzata
assolutamente giú
cono di deiezione.

Meglio tergere il cristallo
fuggire lo sterminio i detriti il laser
che recide chi passa
per questo borgo.

DEDUCANT TE ANGELI

1.

Nicht diese Tannen nicht
der Schauder des Wasserfalls, sondern
das ist die Reihenfolge.

Als erstes kommen die Steine der Kiesbetten
dann die verrammelten Herbergen.
Als zweites: die Nebelschwaden und die Klagen.
Erosionen, Monster.

Alles geschlossen auch das Straßenwärterhaus
und die Isolatoren scheppern.
Als drittes: die Beharrlichkeit des Sturzbaches
und die Hochdruckleitung
absolut abwärts
ein Schwemmkegel.

Besser die Windschutzscheibe wischen
fliehen vor dem Massaker dem Schutt dem Laser
der den fällt der durch diesen Ort
kommt.

Era vissuta qui.
Dov' era l'ospizio
ora c'è ecco
lacrimante uno stabilimento.
La minorata che ti raccontarono.
Morta ma quando da tanto.
Oligofrenica coi suoi ditoni
buona e capiva
anima di colomba
decorticata e strideva.

Sie hatte hier gelebt.
Wo das Hospiz war
da ist jetzt hier
tränenreich eine Fabrikanlage.
Die Behinderte, von der sie dir erzählten.
Gestorben, doch wann vor langem.
Schrumpfköpfig mit ihren dicken Fingern
gutmütig, und sie verstand
das Wesen einer gerupften
Taube und schrie immer wieder.

3.

La corriera fa marcia indietro sul ponte di legno.
Nevica sulla spalletta, sul collo
della spaccalegna che entra allo spaccio. Il resto
è ben chiuso o sembra.

Certamente lassú il cimitero austriaco
sotto le stille dell'abetina, con la Beata Vergine
turchina in lacrime d'argento
e i fagotti in costume
o in uniforme certamente
sotto lapidi e ferri.
Ma un raggio dalla centrale
abbaglia marmo rame zinco.
Tutto fra poco apparirà ti assicurano
verranno a portare via tutto
entro aprile.

3.

Der Postbus reversiert auf der Holzbrücke.
Es schneit auf das Geländer, auf den Nacken
des Holzfällers, der den Laden betritt. Der Rest
ist fest versperrt oder scheint es zu sein.

Sicherlich ist dort oben der österreichische Friedhof
unter den tropfenden Tannen, mit der Seligen Jungfrau
kobaltblau in Silbertränen
und die Bündel in Tracht
oder in Uniform sicherlich
unter Grabsteinen und Eisen.
Aber ein Strahl vom Elektrizitätswerk her
blitzt auf jenseits des Nebels
durchschneidet Marmor Kupfer Zinn.
Sehr bald versichern sie dir wird alles zu sehen sein
werden sie kommen und alles wegschaffen
noch im April.

4.

Ma non crederci no
è qui che si apre la buca qui
ti pianteranno i manigoldi.
Scappa fin che puoi scappa fra i meli defoliati
vergine testona fiato lordo mia maturità strabica mia creatura
antenata ingiustificata irrecuperata seme di credente
di breve convulsione di contratta disperazione
amore della tua mamma

faccina mitragliata fotografata
parola inesistita mia giovinezza
carico di carne uccisa che l'elicottero solleva
da questo mondo portatemi via

un servo
un servo non inutile
merita questo.

4.

Aber glaube ihnen nicht nein
hier ist es wo sich die Grube auftut hier
werden dich die Schurken verscharren.
Hau ab solang du kannst hau ab durch die entblätterten
Apfelbäume
törichte Jungfrau unreiner Atem meine schieläugige Reife
mein Geschöpf
ungerechtfertigter unwiederbringlich verlorener Vorfahr
eines Gläubigen Same
einer kurzen Konvulsion verkrampfter Verzweiflung
Liebe deiner Mutter

maschinengewehrdurchsiebtes fotografiertes Gesichtchen
nicht existentes Wort meine Jugend
Ladung ermordeten Fleisches das der Hubschrauber hochhebt
aus dieser Welt schafft mich fort

ein Diener
ein nicht unnützer Diener
verdient das.

A VITTORIO SERENI

Come ci siamo allontanati.
Che cosa tetra e bella.
Una volta mi dicesti che ero un destino.
Ma siamo due destini.
Uno condanna l'altro.
Uno giustifica l'altro.
Ma chi sarà a condannare
o a giustificare
noi due?

AN VITTORIO SERENI

Wie wir uns voneinander entfernten.
Wie ist das traurig und schön.
Einmal sagtest du mir, ich sei ein Schicksal.
Aber wir sind zwei Schicksale.
Einer verurteilt den anderen.
Einer rechtfertigt den anderen.
Aber wer wird verurteilen
oder rechtfertigen
uns beide?

IL FALSO VECCHIO

I.

I legni sono secchi, le foglie restituite.
La brina è sulle siepi, fumano le fontane.
Chiamano i cacciatori nella nebbia il traghetto.
Nello spazio dove non esisto rema il barcaiolo.

DER VORGEBLICH ALTE MANN

I.

Die Scheite sind trocken, die Blätter zurückgegeben.
Der Reif ist auf den Hecken, es dampfen die Brunnen.
Die Jäger rufen im Nebel die Fähre.
In dem Raum, wo ich nicht existiere, rudert der Fährmann.

II.

Quando si avvicinano i colombi i tacchini gridano.
Il muratore picchia sul muro col suo martello.
Le auto inferocite assaltano le vie e le piazze.
I rumori piú piccoli si posano dentro i piú grandi
poi attraverso i viventi vanno via.

II.
Wenn die Tauben sich nähern, schreien die Truthähne.
Der Maurer klopft auf der Mauer mit dem Hammer.
Wütend stürmen die Autos die Strassen und Plätze.
Die kleineren Geräusche nisten sich in die größeren ein
dann entfernen sie sich durch die Lebenden hindurch.

III.

Quando si avvicivano gli aerei i bambini gridano.
La contraerea picchia sui muri col suo martello.
Gli insanguinati assaltano le vie e le piazze.
I filamenti piú piccoli bruciano dentro i piú grandi
poi attraverso il tempo vanno via.

III.
Wenn die Flugzeuge sich nähern, schreien die Kinder.
Die Flugabwehr klopft auf die Mauern mit dem Hammer.
Die Blutüberströmten stürmen die Strassen und Plätze.
Die kleineren Fasern brennen in den größeren,
dann entfernen sie sich durch die Zeit hindurch.

IV.
Il verbo al presente porta tutto il mondo.
Mi chiedo dove sono i popoli scomparsi.
Il fattorino vestito di grigio in cortile mi dice
che alcuni stanno nascosti sotto il primo sottoscala.

Ho portato con me sotto il primo sottoscala
le ceneri di Alessandro, il pianto di Rachele.
Il verbo al presente mi permette di scomparire.
Il fattorino non vede piú dove sono scomparso.

IV.

Das Verbum im Präsens trägt die ganze Welt.
Ich frage mich, wo die verschwundenen Völker sind.
Der grau gekleidete Laufjunge im Hof sagt mir,
dass sich einige unter der Treppe zum ersten Stock verstecken.

Ich trug mit mir unter die Treppe zum ersten Stock
die Asche Alexanders, die Tränen Rachels.
Das Verbum im Präsens erlaubt mir zu verschwinden.
Der Laufjunge sieht nicht mehr, wohin ich verschwinde.

V.

La corruzione entra nel cemento?
Disfa il ferro portante?
Ecco la campanella
della chiusura, una madre furiosa
se stessa squassa e il suo frutto.
Chiedendo che ore sono
il cittadino si abbatte
col cuore rotto.

Ma non tutto è così!
Il merlo azzoppato
riprende a fischiare.
L' interferenza delle contrazioni
muove ancora il liquore
della pupilla. Si guardi
l'anatra palmata che vigorosa
separa acqua e ombra.

V.
Dringt der Zerfall in den Zement ein?
Zersetzt er das tragende Eisen?
Hör, das Glöckchen
vor dem Zusperren, eine wütende Mutter
schüttelt sich selber und die Frucht ihres Leibs.
Als er fragt, wie spät es ist,
stürzt der Bürger
mit gebrochenem Herzen zu Boden.

Aber nicht alles ist so!
Die gelähmte Amsel
beginnt wieder zu pfeifen.
Die Interferenz der Kontraktionen
bewegt noch die Flüssigkeit der Pupille. Es hüte sich
die Flossenente, die kraftvoll
Wasser und Schatten trennt.

VI.
L’anatra palmata la vedi come va
tutta oleata nel laghetto?
                                        Il ragazzo
Norberto odora il ferro della ringhiera.

Somiglia a molte altre questa sera.
In cima algli alberi
dove fina fina la nebbia comincia
i suoni della città
si riuniscono e girano al largo.
Un merlo va che nel becco ha
uno stecco e un’ erbolina.

Che cosa stiamo a fare qui.

VI.
Siehst du die Flossenente, wie sie schwimmt,
ölverschmiert, im kleinen See?
                                             Der Knabe
Norberto riecht am Eisen des Geländers.

Es ähnelt dieser Abend vielen anderen.
In den Wipfeln der Bäume,
wo fein ganz fein der Nebel beginnt,
vereinigen sich die Klänge
der Stadt und verhallen im Weiten.
Eine Amsel fliegt, im Schnabel hat sie
ein Reis und einen Halm.

Was machen wir denn nun hier.

VII.
Un bambino vacilla appeso ai calzoni della madre.
Sul marciapede c'è sterco di cane e le auto
mettono ossido di carbonio e piombo negli alveoli.
Perché, signora, fa respirare al suo bambino
questa aria sporca? Perché non lo porta sui prati?
Essa mi guarda con odio, gli dice „cammina".
Ma io non ho parlato, solo l'odio era vero.

VII.
Ein kleiner Bub zappelt, angeklammert an die Hosen seiner
Mutter.
Auf dem Gehsteig liegt Hundekot, und die Autos
lagern Kohlenmonoxyd und Blei in den Alveolen ab.
Warum, gnädige Frau, lassen Sie Ihr Kind
diese schmutzige Luft atmen? Warum gehen Sie mit ihm nicht
auf die Wiesen?
Sie schaut mich hasserfüllt an, sagt zu ihm „Geh weiter“.
Aber ich sagte nichts, nur der Hass war wirklich.

VIII.

Le promesse, le mimose, i quaderni puliti
conforto al pianto contro il muro serale.
Polvere delle ginocchia, mia colpa, un miele, un male
- e la memoria di un male, fino a qui.

VIII.

Die Versprechen, die Mimosen, die ordentlichen Hefte
Trost für das Weinen vor der Mauer abends.
Staub der Knie, meine Schuld, eine Süße, ein Übel
- und die Erinnerung an ein Übel, bis hierher.

IX.

Questa mattina di sole
e gli sconosciuti nelle carrozzerie.
Avanzo ai margini del parco.
Guardo la brina sui pullman intorno all' Arena.
I rami rotti dei platani, i merli e le carte.
Voglio sapere e so che la unica forza
è la gioia brevissima
la certezza sensibile che viene dopo tutto.

IX.
Dieser sonnige Morgen
und die Unbekannten in den Karosserien.
Ich gehe vor bis zum Rand des Parks.
Ich betrachte den Reif auf den Bussen rund um die Arena.
Die abgebrochenen Äste der Platanen, die Amseln und das
Papier.
Ich will wissen und ich weiß, dass die einzige Kraft
die ganz kurze Freude ist,
die sinnlich wahrnehmbare Gewissheit, die nach allem
kommt.

X.
Non bisogna domandare alcuna cosa
oltre alla salute del corpo che si stanca.
È molto importante. Il gatto non sa
(scherza lui con la sciocca farfalla bianca)
che l'ossido delle auto lo avvelena e che il tremito
degli enzimi gli apparecchia la paralisi.

Sono contento di essere ancora vivo.
La storia mi porta via. Però la notte viene
che mi reca il passato sui transistor, le melodie,
il coro che da tanto tempo tiene
i dormenti, le vie.

X.
Man braucht um nichts anderes zu bitten
als um die Gesundheit des Körpers: der ermüdet.
Es ist sehr wichtig. Der Kater weiß nicht
(er spielt mit dem irren weißen Schmetterling),
dass die Abgase der Autos ihn vergiften und das Zittern
der Enzyme die Paralyse vorbereitet.

Ich bin froh, noch am Leben zu sein.
Die Geschichte trägt mich fort. Aber die Nacht kommt,
die mir auf den Transistoren die Vergangenheit bringt, die
Melodien,
den Chor, der schon so lange bannt
die Schlafenden, die Strassen.

IL BAMBINO CHE GIOCA

Il bambino smise di giocare
e parlò al vecchio come un amico.
Il vecchio lo udiva raccontare
come una favola la sua vita.

Gli si facevano sicure e chiare
cose che mai aveva capite.
Prima lo prese paura poi calma.
Il bambino seguitava a parlare.

DER SPIELENDE KNABE

Der Knabe hörte auf zu spielen
und redete mit dem Alten wie ein Freund.
Der Alte hörte ihn erzählen dann
sein Leben wie ein Märchen.

Es wurden Dinge ihm gewiss und klar
die niemals er verstanden hatte.
Zuerst erfasste Angst ihn, gleich darauf die Ruhe.
Dann fuhr der Knabe fort zu reden.

GLI ALBERI

Gli alberi sembrano identici
che vedo dalla finestra.
Ma non è vero. Uno grandissimo
si spezzò e ora non ricordiamo
piú che grande parete verde era.
Altri hanno un male.
La terra non respira abbastanza.
Le siepi fanno appena in tempo
a mettere fuori foglie nuove
che agosto le strozza di polvere
e ottobre di fumo.
La storia del giardino e della città
non interessa. Non abbiamo tempo
per disegnare le foglie e gli insetti
o sedere alla luce candida
lunghe ore a lavorare.
Gli alberi sembrano identici,
la specie pare fedele.
E sono invece portati via
molto lontano. Nemmeno un grido,
nemmeno un sibilo ne arriva.
Non è il caso di disperarsene,
figlia mia, ma di saperlo
mentre insieme guardiamo gli alberi
e tu impari chi è tuo padre.

DIE BÄUME

Die Bäume scheinen alle gleich zu sein,
die ich vom Fenster aus sehe.
Doch das ist nicht wahr. Ein riesengroßer
stürzte um, und jetzt erinnern wir uns nicht
mehr, was für eine große grüne Wand er war.
Andere haben eine Krankheit.
Die Erde atmet nicht genug.
Die Hecken schaffen es gerade noch,
neue Blätter auszutreiben,
die der August erstickt in Staub,
der Oktober in Rauch.
Die Geschichte des Gartens und der Stadt
interessiert keinen. Wir haben nicht Zeit,
die Blätter zu zeichnen und die Insekten
oder bei hellem Tageslicht stundenlang
bei der Arbeit zu sitzen.
Die Bäum scheinen alle gleich zu sein,
die Spezies scheint treu zu sein.
Und sie werden doch weggeschafft,
weit weg. Nicht einmal ein Schrei,
nicht einmal ein Flüstern dringt davon her.
Kein Grund, darüber zu verzweifeln,
meine Tochter, aber wissen sollte man es,
während wir miteinander die Bäume anschauen
und du langsam begreifst, wer dein Vater ist.

aus:

PAESAGGIO CON SERPENTE
(1973–1983)

LUKÁCS

Le scarpe pesanti il gomito sui libri
il sigaro spento non per il dubbio
ma per il dubbio e la certezza
nell' ultima foto
dall' altra parte del vero
occhi smarriti guardandoci.

Alle sue spalle guardiamo i libri deperiti
i tappeti il legno gotico
del San Martino a cavallo
che si taglia il mantello
per darne metà al mendicante.

Gli uomini sono esseri mirabili.

LUKÁCS

Die schweren Schuhe der Ellbogen auf den Büchern
die Zigarre erloschen nicht aus dem Zweifel heraus
sondern aus dem Zweifel und der Gewissheit heraus
auf dem letzten Foto
von der anderen Seite der Wahrheit her
verstörte Augen, die uns anschauen.

Hinter seinem Rücken sehen wir die zerlesenen Bücher
die Teppiche die gotische Schnitzerei
vom Heiligen Martin zu Pferde
der seinen Mantel zertrennt
um eine Hälfte davon dem Bettler zu geben.

Die Menschen sind wundersame Wesen.

TRADUCENDO MILTON

Gli alberi i freddi fitti alberi grandi
e anche arbusti ma tutti verdi bianchi
con palme e frecce diramate e fili
in vetta al bosco visi svelti gli alberi
lieti di gelo e rotondi, guaìne
scuoiate di agro latte e le pasture
dilatate di gràmini e scintille
i rivi accesi di spade vivaci
e la ventilazione delle cime…

BEIM ÜBERSETZEN VON MILTON

Die Bäume die kalten dichten mächtigen Bäume
und Büsche auch doch alle grün und weiß
mit Palmen und ausgesandte Pfeile und Fäden
in Waldwipfeln rege Gesichter die Bäume
in Raureif froh und schön gerundet, Hülsen
gehäutet sauermilchartig und die weithin
sich breitenden Weiden mit Gräsern und Funken
die Bäche entflammt von glänzenden Schwertern
und linde die Winde um die Gipfel…

IL NIDO

A metà marzo fra il muro e il tetto
certi ucelli di beco ostile giallo
nervosi miseri fanno di stecchi un nido.
Quando è notte molto alta e non dormo
so che stanno dietro il muro i loro nati.

A Praga, leggo, le teste recise dei nobili
le chiusero in fregi di aquile e di oro.
Da teatri profondi i valorosi umani
cantano. Squilli dividono la notte.
Voci chiamano altere miserere.

Dentro il nido ignoranti esserini
alla frenesia della madre tremeranno.
Griderà la fame e tutto insegnerà la madre.
Nell' aria inorridita voleranno
e non sapranno nulla di più mai.

La illusione ha deserto le scene.
Minimi popoli sono bruciati nei dìodi.
Nella tua nave paziente accogli, mi dico, le membra,
mente pia, spezzate. Fai che sembri
il mio un solo essere assopito.

Ma già quanti in cammino al primo grigio
dove la strage tra fosse e discariche
tentenna e quanti tendono le nuche.
Sarà così. È possibile, questo, comprenderlo.
Vicini, miei vicini, dormite nel vostro sangue.

DAS NEST

Mitte März baut zwischen der Mauer und dem Dach
eine Vogelart mit feindseligen gelben Schnäbeln,
rastlos, elend, aus Zweigen ein Nest.
Wenn es schon tiefe Nacht ist und ich nicht schlafe,
weiß ich, sie sind hinter der Mauer mit ihrer Brut.

In Prag, lese ich, wickelten sie die abgehauenen Köpfe
der Adeligen in Tücher, verziert mit Adlern und Gold.
Aus den Tiefen von Theatern singen ehrenhafte
Menschen. Trompetenstöße zerreißen die Nacht.
Stimmen vereinigen sich in hohen Klagegesängen.

Im Nest zittern unwissende kleine Kreaturen
unter dem Toben der Mutter.
Hunger wird schreien und die Mutter alles lehren.
In der entsetzlichen Luft werden sie fliegen
und nicht mehr werden sie jemals wissen.

Die Illusion hat die Bühne verlassen.
Winzige Völker verbrennen in den Dioden.
In deinem geduldigen Schiff, sage ich mir, nimm auf
die zerbrochenen Glieder, „Pia Mater". Laß erscheinen
mein Sein als ein einziges, schlafendes.

Aber wie viele sind schon unterwegs im ersten Grauen,
wo das Massaker zwischen Gräben und Müllhalden
schwankt, und wie viele beugen das Genick.
So wird es sein. Es ist möglich, das zu verstehen.
Nachbarn, meine Nachbarn, schlaft in eurem Blut.

Il destino che può essere compreso
a poco a poco si fa chiaro nella stanza.
Aspettando che quei piccoli si sveglino
una forma fanciulla della coscienza guarda
il corpo tutto chiuso nel riposo.

Das Schicksal, das verstanden werden kann,
wird mir nach und nach klar in dem Raum.
Darauf wartend, dass die Kleinen aufwachen,
betrachtet eine kindliche Form des Bewusstseins
den vom Schlaf eng umschlossenen Körper.

MOLTO CHIARE…

Molto chiaro si vedono le cose.
Puoi contare ogni foglia dei platani.
Lungo il parco di settembre
l' autobus già ne porta via qualcuna.
Ad uno ad uno tornano gli ultimi mesi,
il lavoro imperfetto e l'ansia,
le mattine, le attese e le piogge.

Lo sguardo è là ma non vede una storia
di sè o di altri. No sa più chi sia
l'ostinato che a notte annera carte
coi segni di una lingua non più sua
e replica il suo errore.
È niente? È qualche cosa?
Una risposta a queste domande è dovuta.
La forza di luglio era grande.
Quando è passata, è passata l'estate.
Però l'estate non è tutto.

SEHR DEUTLICH…

Sehr deutlich sieht man die Dinge.
Du kannst jedes Blatt der Platanen zählen.
Entlang des septemberlichen Parks
trägt der Bus schon ein oder zwei fort.
Einer um den andern kehren die letzten Monate wieder,
die nicht beendete Arbeit und die Angst,
die Vormittage, das Warten und die Regenfälle.

Der Blick ist da, sieht aber keine Geschichte
von einem selber oder von anderen. Er weiß nicht mehr, wer
der Eigensinnige ist, der nachts Papier schwärzt
mit den Zeichen einer Sprache, die nicht mehr seine ist
und seinen Irrtum wiederholt.
Ist es nichts? Ist es irgendetwas?
Eine Antwort auf diese Frage ist vonnöten.
Die Kraft des Juli war großartig.
Ist die einmal vorbei, ist der Sommer vorbei.
Doch der Sommer ist nicht alles.

SABA

La mattina di luglio
e a volo l'acqua della manichetta
va su gradini e foglie
e là di certo contenta mia moglie
allegra agita lo scintillio…

Va la memoria ad un verso di Saba.
Ma ne manca una sillaba. Per quanti
anni l'ho male amato
infastidito per quel suo delirio
biascicato , per quel rigirío
d'esistenza….

E ora che riposano
il suo libro e il mio corpo
indifferenti
come un sasso o una pianta
o un' invincibile ombra nel bosco
(nel vuoto il sole s'avventa
e un' iride ne grida) riconosco
con lo stupore di chi vede il vero
lunga la poesia, lungo l'errore.

Parevi stanca, parevi ammalata
ma t'ho riconosciuta, io che t'ho amata.

1986

SABA

Ein Morgen im Juli
und der Wasserstrahl aus dem Schlauch
geht nieder auf Stiegen und Blätter
und dort meine Frau sicher zufrieden
schwenkt fröhlich Funkelndes…

Ein Vers von Saba fällt mir ein.
Aber es fehlt mir eine Silbe. Wie viele
Jahre konnte ich ihn nicht recht lieben
verärgert durch sein gemurmeltes
Faseln, durch jenes Umkreisen
von Existenz…

Und jetzt da sein Buch
und mein Körper ausruhen
gleichgültig
wie ein Stein oder eine Pflanze
oder ein unüberwindlicher Schatten im Wald
(ins Leere stürzt sich die Sonne
und ein Regenbogen kreischt) erkenne ich,
mit dem Erstaunen dessen, der sieht, das Wahre
durch dieses Gedicht, durch diesen Irrtum.

Parevi stanca, parevi ammalata
ma t'ho riconosciuta, io che t'ho amata.
(Du schienest müd, du schienest krank
doch ich, der ich dich liebte, hab dich erkannt,)

L’ ANIMALE

Stanotte un qualche animale
ha ucciso una bestiola, sottocasa. Sulle piastrelle
che illumina un bel sole
ha lasciato uno sgorbio sanguinoso
un mucchietto di visceri viola
e del fiele la vescica tutta d’oro.
Chissà dove ora si gode, dove dorme, dove sogna
di mordere e fulmineo eliminare
dal ventre della vittima le parti
fetide, amare.
Vedo il mare, è celeste, lietissime le vele.
E non è vero.
Il piccolo animale sanguinario
ha morso nel veleno
e ora cieco di luce
stride e combatte e implora dagli spini pietà.

1985

DAS TIER

Heute Nacht tötete unten vor dem Haus
irgendein Tier eine kleine Kreatur. Auf den Fliesen,
die eine warme Sonne bescheint,
hinterließ es einen schmierigen blutigen Klecks,
ein Häufchen lila Därme
und die goldglänzende Gallenblase.
Wer weiß, wo es jetzt satt sich aufhält, wo es schläft, wo es träumt
vom Zubeißen und vom blitzschnellen Ausspeien
der stinkenden, bitteren Teile
aus dem Bauch des Opfers.
Ich sehe das Meer, so blau, die stets heiteren Segel.
Und es ist nicht wahr.
Das blutrünstige kleine Tier
hat in Gift gebissen
und jetzt, von Licht geblendet,
kreischt es und kämpft es und erfleht es von den Dornen
Erbarmen.

QUESTO VERSO

... con eco de cristal y espanto
Nocturno

Tu conmigo, rapaz?
Contigo, viejo.
Ultimas lamentaciones de
Abel Martin

Notte ancora e la casa nel suo sonno.
Già sveglio, andavo alla finestra, aprivo
le imposte del terrazzo,
su quella ringhiera posavo la fronte.

Oltre gli orti ancora bui, le chiese e i culmini
il cielo ero chiaro in cima ai rami
dei platani, dei lecci e degli allori.
Il disegno era rigido e preciso,
contro i colli, dei cipressi e delle rondini.

Perché pietà per quell'ombra, perché
la scongiuro se scorgo
le orme di minuscole ferite
sui ginocchi dei ragazzi e, mi rammento,
gustavo fra i denti le croste brunite
raschiate alle mie cicatrici.
Atterrito dal mondo e da se stesso
egli fermava contro il ferro la sua tempia.

DIESE ZEILEN

... con eco de cristal y espanto
Nocturno

Tu conmigo, rapaz?
Contigo, viejo.
Ultimas lamentaciones de
Abel Martin

Nacht noch und das Haus im Schlaf.
Schon wach, ging ich ans Fenster, öffnete
die Läden zur Terrasse,
legte die Stirn auf die Balustrade.

Jenseits der noch dunklen Gärten, der Kirchen und der Gipfel
war der Himmel klar zwischen den höchsten Ästen
der Platanen, der Steineichen und der Lorbeerbäume.
Die Umrisse der Zypressen und der Schwalben
hoben sich stark und deutlich gegen die Hügel ab.

Warum so ein Mitleid mit jenem Schattenbild, warum
beschwöre ich es, wenn ich die Spuren
kleinster Wunden erblicke
auf den Knien der Knaben, und doch, ich erinnere mich,
schmeckte ich gern zwischen den Zähnen die braune Kruste,
von meinen Wunden abgekratzt.
In Schrecken vor der Welt und vor sich selbst
presste er die Schläfe gegen das Eisen.

Rispondo che è pietà per l'avvenire,
per il patire interminato che
entro tanto splendore uno spavento
come una bestia immane dall' azzuro
annunziava a quel misero tremante
nella felicità che il pianto libera.
Da qui lo assisto, da qui ora lo consolo…

Poi quando i rami al raggio si avvivavano
della meravigliosa alba serena
l'Apparita lontana era speranza
al primo vento già volando questo verso.

1990

Ich erwidere, dass es Mitleid gibt mit der Zukunft,
mit dem endlosen Leid, das
inmitten derartiger Pracht ein Entsetzen
- wie ein Tier jählings aus dem Nichts –
jenem Elenden verkündete, der vor Glück,
das die Tränen freisetzten, zitterte.
Hier stehe ich ihm bei, hier nun tröste ich ihn…

Dann, als die Äste sich belebten im Glanz
des wundersam heiteren Morgengrauens,
da war die ferne Apparita Hoffnung,
derweil im frühen Wind schon trieben diese Zeilen.

FÜR PASOLINI

Ormai se ti dico buongiorno ho paura dell'eco,
tu, disperato teatro, sontuosa rovina.

Eppure t'aveva lasciata, il mio verso, una spina.
Ma va' senza ritorno, perfetto e cieco.

1963

FÜR PASOLINI

Sag ich dir nun Guten Tag, so habe ich Angst vor dem Echo,
du, verweg'nes Theater, prächt'ge Ruine.

Und doch: mein Vers, er hatte in dir einen Stachel gelassen,
aber geh ohne Rückkehr, vollkommen und blind.

LA REALTÀ

La città di cui sto parlando non esiste,
è un'idea della ragione e della volontà.
Nella speranza di essere compreso
la chiamo con un nome sconosciuto.
I suoi viali si aprono nel vuoto.
Le sue posteríe sono aperte fino a tardi.

Anche i nomi degli amici sono finzione.
Chi è vivo, di loro, chi è morto? Probabilmente
sono scarabei di lapislazzulo
nei musei o voci di repertori,
fotografie, carta, propine di esami.
O, col pianto in gola, dormono nel pomeriggio.

Sì, sono stato a Gela una volta.
Un' altra volta persino a Roubaix.
Sono vissuto alcuni mesi a Roma.
Tutto questo significa ben poco.
Accorgersi che nella mia mente affaticata
l'idealismo trionfa, è impressionante.

Le dattilografe mettono la copertina sulla contabile.
I gatti si occupano dei fatti loro.
Nel garage puliscono carburatori. Questa
è la realtà. Se lasci cadere un giornale
esso volteggia e raggiunge le ortensie.
Non vuoi abbandonare la sintassi.
La finzione è l'ultima speranza.
Qualcuno telefona, hai l'ansia nella voce.

DIE WIRKLICHKEIT

Die Stadt, von der ich jetzt rede, gibt es nicht,
sie ist ein Produkt der Vernunft und des Willens.
In der Hoffnung, verstanden zu werden,
gebe ich ihr einen unbekannten Namen.
Ihre Hauptstraßen führen nirgendwohin,
ihre Läden sind bis spät geöffnet.

Auch die Namen der Freunde sind alle Fiktion.
Wer von ihnen lebt noch, wer ist tot? Wahrscheinlich
sind sie Skarabäen aus Lapislazuli
in den Museen, oder Posten in Katalogen,
Fotografien, Akten, Prüfungshonorare.
Oder sie schlafen, ein Schluchzen in der Kehle, nachmittags.

Ja, einmal war ich in Gela.
Ein anderes Mal sogar in Roubaix.
Ich verbrachte ein paar Monate in Rom.
Alles das ist von geringer Bedeutung.
Zu bemerken, dass in meinem überanstrengten Kopf
der Idealismus triumphiert, das ist schon beeindruckend.

Die Tippfräuleins decken die Rechenmaschine zu.
Die Katzen sind mit ihren Angelegenheiten beschäftigt.
In den Autowerkstätten putzt man Vergaser. Das ist
Wirklichkeit. Lässt du eine Zeitung fallen,
weht sie fort, hinein in die Hortensien.
Du willst unbedingt an der Syntax festhalten.
Die Fiktion ist die allerletzte Hoffnung.
Jemand ruft an, deine Stimme ist voller Angst.

La storia – torni a spiegargli – è tutta la realtà.
E invece non è vero.
Parli per farti coraggio.
Hai difficoltà a leggere.
I rumori familiari
avvertono che viene cena
e cosí sarai liberato.
Al Cinema Cristallo una pellicola di guerra,
alla televisione un dibattito animato.

Il dovere di Schiller è di resistere.
Dante si ostina su di una rima difficile.
Ecco perché gli amici sono divenuti nomi.
Ecco perché nei sogni vedi solo carri di morti.
Ecco perché puoi dire „Torino“ ma non esiste
nessuna città con questo nome
e anche esistesse non te ne importa.
Parli al plurale solo per ammonire
i figli a non inciampare nei gradini. Tutto è
tremendo ma non ancora irrimediabile.

1984

Geschichte – erklärst du ihm wiederholt – ist wirkliche
Wirklichkeit.
Und doch wieder nicht.
Du redest, um dir Mut zu machen.
Du hast Schwierigkeiten zu lesen.
Die vertrauten Geräusche
künden an, dass das Abendessen fertig ist,
und so wirst du befreit sein.
Im Cinema Cristallo läuft ein Kriegsfilm,
im Fernsehen gibt es eine lebhafte Debatte.

Schillers Pflicht ist es, Widerstand zu leisten.
Dante verbiss sich in seine schwierige Reimerei.
Das ist es, weswegen Freunde zu bloßen Namen wurden.
Das ist es, weswegen du in den Träumen nur Leichenwagen siehst.
Das ist es, weswegen du „Turin" sagen kannst, aber es existiert
keine Stadt mit diesem Namen,
Und existierte sie auch, es würde dir nichts bedeuten.
Du sprichst im Plural, nur um die Kinder
vor dem Stolpern über die Stufen zu warnen. Alles ist
entsetzlich, aber noch nicht ausweglos.

BIO-BIBLIOGRAFISCHE ANGABEN samt ANMERKUNGEN DES ÜBERSETZERS

Franco Fortini wurde 1917 als Franco Lattes in Florenz geboren. Sein Vater war Jude. Seine Mutter, deren Namen, Fortini del Giglio, er 1940 annahm, war katholisch.

Fortini studierte Jus – sein Vater war Anwalt –, schloß 1939 das Studium ab, studierte aber weiter Geschichte und Literatur. 1939 trat er in die protestantische Kirche der Valdenser ein. Er hatte schon früh begonnen, Gedichte, erzählende Prosa und Aufsätze zu veröffentlichen. 1941 wurde er in die Armee einberufen. Als er gegen Kriegsende versuchte, Soldaten zu überreden, zu den Alliierten überzulaufen, musste er in die Schweiz fliehen. 1944 schloß er sich der Partisanen-Republik von Valdossola an. Im gleichen Jahr wurde er Mitglied der Sozialistischen Partei Italiens (PSI). Nach Kriegsende ließ er sich in Mailand nieder. Ab 1947 arbeitete er als freischaffender Journalist und als Berater für die Firma Olivetti.

Nach 1948 bereiste er Europa, Russland und China und veröffentlichte erfolgreiche Reiseberichte. Zur gleichen Zeit wurde er bekannt als literarischer Übersetzer aus dem Französischen (Eluard u.a.), Englischen (Milton u.a.) und Deutschen (Goethe, Brecht u.a.) und aus mehreren anderen Sprachen.

Seine erste Gedichtsammlung erschien 1946, „Foglio di via“. Seine gesammelten Gedichte, „Versi Scelti“ (1939–1989), im Jahr 1990.

Anläßlich des Ungarischen Volksaufstands 1956 trat er aus der PSI aus. Von 1964 bis 1972 arbeitete er auch als Lehrer an verschiedenen Höheren Schulen. 1976 wurde er Lehrstuhlinhaber für Literaturkritik an der Universität von Siena. Bis zu seinem

Tod im November 1994 galt er als einer der wichtigsten Vertreter der italienischen Linken. Sein Einfluß auf die Nachkriegs-Generationen in Italien auf der Suche nach sozialem und intellektuellem Wandel war beträchtlich. Er verfasste regelmäßig Beiträge für Tageszeitungen (Corriere della Sera u.a.), Magazine (L' Espresso u.a), arbeitete bei zahlreichen Zeitschriften mit, bei „Politecnico“ (zusammen mit Elio Vittorini), bei „Officina“ (zusammen mit P.P.Pasolini). Als einer der bedeutendsten Dichter Italiens wurde er im Jahr 1986 mit dem Montale-Guggenheim-Preis ausgezeichnet.

Auf deutsch erschien schon 1963 ein Band POESIE (italienisch und deutsch), übersetzt von Hans Magnus Enzensberger im Suhrkamp Verlag. 2002 brachte der Verlag LANA, Ed, per procura den Band „Composita solvantur“: „Die späten Gedichte“ in der Übersetzung von Manfred Bauschulte heraus.

In den 13 Jahren meines Aufenthalts in Italien war ich nicht nur ein eifriger Leser der italienischen Literatur, sondern auch der Presse, der Tageszeitungen wie der Wochenmagazine. Die Qualität der Berichte und Kommentare in den italienischen Print-Medien war für mich – sprachlich und sachlich – auf einem wesentlich höheren Niveau als die der österreichischen. In besonderem Maße beeindruckten mich die Beiträge – Kommentare, Glossen, Essays – namhafter Romanschriftsteller und Lyriker zu dem, was international und national täglich geschah. Unter diesen regelmäßigen Kommentatoren war eine Zeitlang auch Franco Fortini.

Einer Anregung von Erich Hackl folgend, der zu Anfang der 1990er-Jahre eine Reihe von Übersetzungen internationaler Lyrik in einem Salzburger Verlag plante, übersetzte ich, noch in Duino, eine Auswahl von Gedichten Fortinis. Aus Hackls Initiative, wurde, wie so oft hierzulande, wenn es um Lyrik geht, nichts. Die Übersetzung verschwand im Speicher des

Computers, bis sich vor einiger Zeit auf wundersame Weise die Möglichkeit ergab, eine ganze Reihe von Übersetzungen von Texten nicht deutschsprachiger Lyriker in der Edition PEN des LÖCKER VERLAGS zu veröffentlichen.

Fortini galt lange Zeit als „politischer" Dichter. Politische Themen, Namen von (heute längst vergessenen) Politikern oder Intellektuellen – den Generationen nach Ende des KALTEN KRIEGS oder gar nach der WENDE 1989 sagen Namen wie z.B. „Bulganin", „Fadejev", „Lukàcs" kaum etwas – finden sich, vor allem im den frühen Gedichten, immer wieder. Aber trotz seiner Teilnahme am politischen Leben seines Landes, als Partisan, als politisch engagierter Journalist, Theoretiker, Kritiker ist es irreführend, Fortini als politischen Dichter zu verstehen. Gedichte können sich, so wie mit jedem anderen Lebensbereich, auch mit Politik beschäftigen; Dichter können sich auch – vorübergehend – mit den Zielen sozialer Bewegungen, ja sogar von Parteien identifizieren. Aber – so schreibt Michael Hamburger in der Einleitung zu seiner 1978 erschienenen Übersetzung von Gedichten Franco Fortinis – „diese Identifikation ist selten total und von langer Dauer. In diesem Jahrhundert ist sie extremen Spannungen unterworfen gewesen, Komplikationen und Enttäuschungen. Das endgültige Engagement jedes guten Poeten ist das für seine eigene Erfahrung und Vorstellung, für eine Wahrheit, zu der man nicht spekulativ oder ideologisch gelangt, sondern durch das, was man fühlt und denkt, gesehen und gehört und geträumt hat. Fortinis Dichtung (...) ist eine Art Autobiografie, legt Zeugnis ab von dieser unmittelbaren und persönlichen Wahrheit". (in: Hamburger, M. : TESTIMONIES/ESSAYS/Selected Shorter Prose 1950-1987, Carcanet 1989; übers.HR).

Hochstrass, im April 2022

INHALT

Aus: POESIA E ERRORE
(1946–1957)

Aus: UNA VOLTA PER SEMPRE

Aus: QUESTO MURO

aus: PAESAGGIO CON SERPENTE
(1973–1983)

Weitere Titel der edition pen
und des Löcker Verlags finden Sie unter
www.löcker-verlag.at